Heinz Piontek – der Schriftsteller in München

Allitera Verlag

ANTON HIRNER ist Nachlassverwalter des geistigen Erbes von Heinz Piontek und Inhaber der Urheberrechte, der als Netzwerker das Lebenswerk des Schriftstellers über viele Jahre schon aufarbeitet. Zugleich betreut er das Heinz Piontek Museum in Lauingen, fördert und vermittelt mit dem erschlossenen Archivmaterial besonders Forschungsarbeiten der polnischen Germanistik. Über die Homepage www.heinz-piontek.de werden Archivbestände zugänglich und sichtbar gemacht. Hirner ist Mit-Herausgeber zu Werken (H. Piontek: *Ich höre mich tief in das Lautlose ein*, Berlin 2011; *Postlose Wochenenden gab es selten bei uns*, Berlin 2020) sowie Verfasser von Beiträgen mit biografischem Bezug.

ANTON HIRNER

Heinz Piontek – der Schriftsteller in München

Allitera Verlag

Allitera Verlag
Ein Verlag der Buch&media GmbH, München

Layout, Satz und Umschlaggestaltung: Mona Königbauer
Gesetzt aus der Adobe Garamond
Umschlagvorderseite: Heinz Piontek im Nymphenburger Park im Jahr 1962. © Heinz Piontek-Archiv
Abbildungen: S. 44, 51, 59, 71 © Heinz Piontek-Archiv
Printed in Europe · ISBN 978-3-96233-416-1

Allitera Verlag
Merianstraße 24 · 80637 München
Fon 089 13 92 90 46 · Fax 089 13 92 90 65

Weitere Publikationen aus unserem Programm finden Sie auf www.allitera.de
Kontakt und Bestellungen unter info@allitera.de

Inhalt

Statt eines Vorworts

Der Schriftsteller Heinz Piontek wäre im Jahre 2025 hundert Jahre geworden. Dieses Jubiläum liefert den Anlass, sich intensiver mit dem Autor zu beschäftigen. Der hier vorliegende Aufsatz widmet sich der Zeit, in der Heinz Piontek in München lebte. Schwerpunkt bildet dabei die literarische Lebenserzählung mit Bezügen, die im zeitgeschichtlichen Kontext zu seinem Lebenswerk stehen. Der Autor dieses Beitrages ist der Nachlassverwalter des geistigen Erbes von Heinz Piontek, der über die Einzelheiten seiner Münchner Lebensgeschichte sein Werk ins Licht stellen und fördern will. Aber bei aller Empathie zur dargestellten Person ist er nicht sein Hagiograf. Mit dieser Betrachtung soll in erster Linie dessen 100. Geburtstag gefeiert werden.

> »Im November werde ich 75 Jahre. Im Juli bin ich 40 Jahre Mitglied der Bayer. Akademie der Schönen Künste (was bei uns höchst selten ist). Im Mai schon gehöre ich als Bürger dem Freistaat Bayern genau 55 Jahre an. Außerdem habe ich nun 50 Berufsjahre als professioneller Schriftsteller hinter mir (übrigens, jedes Wort, das ich bislang geschrieben habe und das gedruckt worden ist, habe ich in Bayern geschrieben!).«

Plakatmaler in Waldmünchen – Bauhilfsarbeiter in München

Mit diesen wenigen Sätzen umriss Heinz Piontek in einem Brief vom 8. Juni 2000[1] an die Bayerische Staatsbibliothek München seine bayerische »Verortung«. Der gebürtige Oberschlesier (*1925) verbrachte Kindheit und Schulzeit in Kreuzburg (heute Kluczbork), wurde kurz vor dem Abitur eingezogen, war Soldat in Südfrankreich und an der Ostfront. In Kötzting (Oberpfalz) geriet er in amerikanische Kriegsgefangenschaft und schlug sich nach seiner Entlassung in das nahe gelegene Waldmünchen durch, wo er von Ende Mai 1945 bis Ende August 1946 wohnte. Das erste Quartier war der Dachboden eines Geschäftshauses, bevor er in ein Gartenhaus als Untermieter einzog. »Es lag über der Stadt auf einem grünen Berge, und ich war der Wächter von siebzig Apfel- und Weichselbäumen.«[2] Heinz Piontek arbeitete in Waldmünchen eine Zeit lang als Hilfsarbeiter in einem städtischen Steinbruch und als Plakatmaler beim

---

1 Bayerische Staatsbibliothek München (im Weiteren BSB).

2 Piontek, Heinz: Damals, im Bayerischen Wald, in: Hier lebe ich. Landschaften & Orte, gesehen von deutschen Schriftstellern. Hg. Bartel F. Sinhuber, Rosenheim 1978, S. 30. Ausführlich dokumentiert Heinz Pionteks biografischer Roman »Stunde der Überlebenden« den Lebensabschnitt in Waldmünchen, Würzburg, 1989, S. 186–253.

amerikanischen Militär. Welche Bedeutung Heinz Piontek den Monaten in der Oberpfalz beimaß, zeigt die über dreißig Jahre später geschriebene Gedichtfolge »Im blauen Juni 45«,[3] kurze Erzählgedichte, in denen die Situation kriegsgefangener Soldaten im Bayerischen Wald aufgerufen wird. Die Überschrift des letzten, den Zyklus gleichsam resümierenden Gedichts lautet »Lernen«, es schließt mit den Zeilen »[...] Die ersten Zeitungen: /wie weiß auf schwarz / gedruckt. // Wir begannen zu buchstabieren.« Warum aber »Blauer Juni«? Wegen des besonders schönen (und lange im Gedächtnis gebliebenen) Sommers 1945? Besonders aber auch, weil Blau eine Farbe der Poesie ist und Transzendentales ahnen lässt. Für Heinz Piontek war auch Religion stets ein wichtiger Magnetpol.

In München tat sich die Chance auf, eine ausreichend bezahlte Arbeitsstelle zu bekommen, verbunden mit dem Vorteil, durch Mitwirkung beim Wiederaufbau der Stadt München die Zulassung zum Studium zu erhalten. Heinz Pionteks Umzugsplan bekräftigte die Nachricht, dass sich sein enger Kreuzburger Freund Claus Tiedtke sich in München aufhalten solle.[4] Im September 1946 zog Heinz Piontek nach München-Pasing und kam als

---

3 Piontek, Heinz: Wie sich Musik durchschlug, Hamburg 1978, S.61–68.

4 Piontek, Heinz: Stunde der Überlebenden, Würzburg, 1989, S. 400–401.

Untermieter in einem ausgedienten Reichsarbeitsdienstlager unter. Aufgrund seiner Englischkenntnisse, erworben an der Oberschule in Kreuzburg und im Umgang mit den Amerikanern während der Zeit in Waldmünchen, heuerte Heinz Piontek als »Dolmetscher und Transportbegleiter«[5] beim Headquarters Munich Projects Engineer an. Die militärische Behörde stellte für das Arbeitsamt München in deutscher Sprache sogar eine Bescheinigung aus, dass Heinz Piontek »dringendst« für die Dienststelle benötigt wird und bittet um Zuweisung.[6] Das Arbeitsamt lehnte den Antrag ab und verordnete Heinz Piontek eine Stelle als Bauhilfsarbeiter. Die erste Baustelle war der Sitz des Statistischen Landesamtes, unweit vom Friedensdenkmal. Heinz Piontek war von einem nimmer zu stillendem Erfahrungs-, und Bildungshunger beseelt und las begierig die Kulturzeitschriften wie »Welt und Wort«, die einen über Neuerscheinungen orientierenden Besprechungsteil aufwies (zu deren Mitarbeitern Heinz Piontek später gehörte) und »Merkur«, die damals repräsentative Kulturzeitschrift in Europa, in der Heinz Piontek bereits in den Fünfzigerjahren Gedichte veröffentlichte, und unternahm so erste Expeditionen in die moderne Literatur. »Von einem Tag zum anderen fand ich mich fähig, die

---

5 Piontek (wie Anm. 4), S. 424–425.

6 Headquarters Munich Projects Engineer, 6. September 1946. Heinz Piontek-Archiv, Lauingen (im Weiteren PiontekA)

halbe Nacht zu durchwachen. Das bedeutete, ich konnte mich nun jeden Abend vier, fünf Stunden lang in meine Zeitschriften vertiefen.«[7] Daraus ergaben sich anfängliche Schreibversuche, »Tagebuchnotizen«, die auch in Der Neuen Zeitung (NZ) veröffentlicht wurden. Die NZ zählte zu den bedeutendsten Zeitungen im Nachkriegsdeutschland. In ihrem Feuilleton erschienen vor allem auch Beiträge jüngerer und unbelasteter Autoren. Heinz Piontek hatte sich dort bei Erich Kästner, Leiter des Feuilletons um ein Volontariat beworben, erhielt aber wegen Fehlens einer freien Stelle eine Absage. Ein erster längerer Aufsatz Heinz Pionteks erschien dann in der NZ zum Thema »die geistige Notlage der Jugend, vor allem die problematische Situation der zwanzigjährigen Kriegsheimkehrer.«[8]

In dieser Zeit wurde Heinz Piontek auf den Schriftsteller und Literaturkritiker Hans Egon Holthusen (1913–1997) aufmerksam, denn Holthusen erinnerte erstmals im »Merkur« mit dem viel beachteten Essay an seinen Jugendfreund Eugen Gottlieb Winkler. Im Nachlass findet sich dazu die handschriftliche Notiz von Heinz Piontek. »Das erste Mal, dass ich den Namen

---

7 Piontek (wie Anm. 4), S. 486.

8 Piontek (wie Anm. 4), S. 314. Der Beitrag erschien auszugweise unter dem Titel *Enttäuschung und Apathie*, in: Die Neue Zeitung, Jg. 2 Nr. 26, 1. April 1946. S. 3.

Hans Egon Holthusen und seinen Text von ihm las. Es muss im 1. Vierteljahr 1947 gewesen sein.«[9]

Auch Theaterbesuche standen auf Pionteks Kulturprogramm. Beispielhaft war das höchst aktuelle Nachkriegsstück »Wir sind noch einmal davongekommen«, das durch den Zweiten Weltkrieg geprägt ist. »Drei Stunden lang sitze ich, gebannt wie nie, im *Theater am Brunnenhof*, während vor meinen Augen ein Stück von Thornton Wilder – Szene für Szene, Akt für Akt – Wirklichkeit wird: *Wir sind noch einmal davongekommen.*

Als ich nach der Aufführung in den Münchner Winter hinaustrete, bin ich wie betäubt und überwach in einem. Ohne zu wissen wie, finde ich in meine Baracke zurück, in mein Bett auf dem Oberdeck.«[10]

Heinz Piontek dachte ans Studieren, allerdings erhielten Bewerber ohne Zuzugsgenehmigung an der Münchner Universität erst einen Studienplatz nach eineinhalb Jahren Einsatz beim Münchner Wiederaufbau.[11] Sein Kreuzburger Schulfreund Claus Tiedtke,

---

9 Holthusen, Hans Egon: EPITAPH: Eugen Gottlieb Winkler, in: Merkur, Jg. 1 (1947), Heft 3, S. 426–438. Piontek bewahrte diese Merkur-Ausgabe als Erinnerung an H. E. Holthusen auf, beiliegend die handschriftliche Notiz, 12. Januar 1999, PiontekA. Eugen Gottlieb Winkler (*1912) war ein deutscher Kritiker und Essayist und wählte aus Angst vor Verhaftung in München 1936 den Freitod.

10 Piontek (wie Anm. 4), S. 530.

11 Piontek (wie Anm. 4), S. 495.

den er durch einen unwahrscheinlichen, aber hochwillkommenen Zufall in München traf, machte ihm den Vorschlag nach Lauingen an der Donau zu ziehen, denn dort sei seine Mutter nach der Flucht untergekommen. In der Wohnung der Mutter könne er eine Schlafstelle finden und in Dillingen das Abitur nachholen um dann dort an der Philosophisch-Theologischen Hochschule studieren zu können, die 1945 auch zur Entlastung der teilweise zerstörten bayerischen Universitäten wieder eröffnet war. Heinz Piontek nahm den Vorschlag an, kündigte der Baufirma und zog im Mai 1947 nach Lauingen, Burgstraße 1.

Pionteks schicksalhafte biografische Hauptphase, geprägt vom Krieg und Überleben, den Empfindungen in Waldmünchen und München, beeindruckt von Theater und Zeitschriften gaben seiner persönlichen Entscheidung so viel Gewicht, »dass ich einzig in der Sprache eine Bleibe finden werde und ein Bleiben, für die mir zugemessene Zeit, in der geschriebenen, gedruckten Sprache.«[12]

---

12 Piontek (wie Anm. 4), S. 533.

Zweite Heimat im Donauried

In Lauingen angekommen, schrieb Heinz Piontek sich in der Nachbarstadt Dillingen ein, holte sein Abitur nach und begann Germanistik zu studieren. Das Studium gab Heinz Piontek aber nach drei Semestern, vor allem wegen Geldmangels, auf.[13]

In Lauingen fällte dann Heinz Piontek die wesentliche Entscheidung, sich in Zukunft ausschließlich als Schriftsteller ohne bürgerlichen Beruf zu etablieren. Hier lernte er seine spätere Frau Gisela Dallmann kennen. Das Paar heiratete 1951 und zog 1955 nach Dillingen, da sie hier eine größere Neubauwohnung beziehen konnten. Da Hartwig Wiedow bereits eine umfassende biografische Studie über die Zeit in Lauingen und Dillingen verfasst hat, kann hier auf eine ausführliche Darlegung verzichtet werden.[14]

Will man über die 14 Jahre im Donauried ein Resümee ziehen, so fielen für den Menschen Heinz Piontek in dieser Umgebung am ehesten persönliches Glück und

---

13 Die Studienzeit in Dillingen schildert Hirner, Anton »Ein literarischer Schatz aus der Region«, in: Jahrbuch des Historischen Vereins Dillingen a. d. Donau 119./120. Jahrgang 2018/2019, S. 311–314 (im Weiteren JHVD).

14 Wiedow, Hartwig: Heinz Piontek im Donauried: Nachkriegsheimat und Anfänge eines Schriftstellers, in: JHVD 116./117. Jahrgang, 2015/16, Dillingen 2017, S. 265–290.

erfolgreiche literarische Produktion zusammen: Hier entstand nach dem Krieg seine neue Heimat, wo er sich willkommen fühlte und später die Orte mit der Kraft seiner Erinnerung literarisch aufarbeitete. So spielt der Roman »Dichterleben« teilweise in den beiden Donaustädten, wobei sich der Autor in der Fiktion der Romanfigur Achim Reichsfelder betrachtet und mit »Dissingen« an die Realität von Dillingen angeknüpft wird: »Große Allee 26. Das war ein Haus im *Gründerstil*, erbaut um die Jahrhundertwende. An der Südseite wuchs zum Teil, bis hinauf zur Dachrinne, wilder Wein.«[15] In Gisela Dallmann fand er seine immerwährende Liebe und mit seinen frühen Erzählungen und Gedichten legte der Autor den Grundstein für seinen späteren Ruhm.

15 Piontek, Heinz: Dichterleben, Neuausgabe, Würzburg, 1996, S. 55.

Wieder in München

Die prägenden Eindrücke der Reise nach Rom (1958) und das Stipendium der Villa Massimo[16] bewirkten einen Wendepunkt in Heinz Pionteks Biografie und gaben mächtigen Auftrieb für den Ortwechsel nach München. Aber schon in seinen Jugendjahren verspürte er die Sehnsucht nach der Stadt München: »Die Stadt München, dieses München hat mich allerdings sehr früh angezogen; ich war vielleicht 12, 13 Jahre, war gewissermaßen ein grüner Flachlandtiroler aus der oberschlesischen Provinz, und ich kannte damals von der Stadt München nicht viel mehr als einen Hauch. Aber dieser Hauch, dieses Atmosphärische einer Großstadt in Alpennähe, besonders offen für die Künste und die Künstler: das erzeugte in mir eine Wunschkraft, die sich nicht eher zufriedengab, bis ich Einwohner Münchens

---

16 Piontek ist bereits mit 34 Jahren durch sein großes Talent, seine außergewöhnlichen Qualifikationen und öffentlichen Erfolge aufgefallen. Dies waren die Voraussetzungen, um das begehrte Stipendium der Deutschen Akademie in Rom zu bekommen. Im Frühjahr 1960 wurde Heinz Piontek vom Bundesminister des Inneren für ein halbjähriges Stipendium an der Deutschen Akademie Villa Massimo in Rom eingeladen. Der Aufenthalt ermöglichte ihm Inspiration und künstlerische Orientierung ohne finanzielle Engpässe.

geworden war.«[17] Im Frühjahr 1961 bezogen Gisela und Heinz Piontek in der Winzererstraße 49 (benannt nach dem Ritter und Landsknechtführer Winzerer) eine Neubauwohnung, in der dritten Etage des Fünf-Stockwerk-Hauses, in der sie bis Dezember 1972 wohnten. Begeistert schreibt Heinz Piontek an seinen Freund und Lyriker Gerhard Neumann (1929–2002): »Die Wohnung liegt im dritten Stock, an einer verhältnismäßig ruhigen Straße, hat drei hübsche Zimmer und eine Küche, zwei Balkone und im Übrigen das, was man sich heute unter ›allem Komfort‹ vorstellt (wie Lift, Müllschlucker, Zentralheizung, Warmwasser etc.) Allerdings ist die Miete irrsinnig hoch.«[18] In derselben Straße, im einstigen Wehramt, ist das Stadtarchiv München untergebracht, eine Forschungsstätte, in der auch Wissen über Heinz Piontek aufbewahrt wird. Beinahe wöchentlich ging Heinz Piontek in das Nordbad (ein Hallenbad, damals gab es in München nur zwei) zum Schwimmen, das in allernächster Schwabinger-Piontek-Umgebung lag.

Die zunehmenden Preissteigerungen bekamen die Eheleute Piontek auch zu spüren. Denn nach Ablauf des

---

17 Heinz, Franz: Zu-Hause-Sein ist nicht das gleiche wie Heimat. KK-Gespräch mit dem oberschlesischen Schriftsteller Heinz Piontek in: Kulturpolitische Korrespondenz, Nr. 760, 25. Mai 1990, S. 14–15.

18 Heinz Piontek an Gerhard Neumann, 6. Februar 1961. PiontekA

Zehnjahresmietvertrages erhöhte sich die Miete kräftig. Obwohl Gisela Piontek eine Bürostelle kurz entschlossen beim Deutschen Patentamt annahm, wollten sich die Pionteks die teure Wohnung nicht mehr finanziell leisten. Kurz vor Jahresende 1972 zogen die Eheleute in die Dülferstraße 97 in Feldmoching, an der nördlichen Peripherie Münchens und mieteten sich in dem Zweifamilienhaus in der oberen Etage ein, wo sie bis zum Tod Heinz Pionteks lebten. Übrigens wohnten sie gerne zur Miete. Zu den Mitbewohnern im Haus pflegten sie ein freundschaftliches Verhältnis.

Heinz Piontek erlebte München als kraftvoll und inspirierend. Seine Eindrücke und Stimmungen zu besonderen Plätzen der Stadt und realen Zeiterscheinungen fanden bald literarischen Niederschlag, zum Beispiel in dem Gedicht »Stadtteil für Puppenspiele«[19], das den Leser zu einem Spaziergang nach Schwabing einlädt: »Streich durch das liebliche Quartier, Herzbruder!« und erinnert damit auch an Franz Graf von Pocci (1807–1876), den bedeutendsten Verfasser von Puppenspielen, den München hervorgebracht hat.

Schon in den frühen Fünfzigerjahren bezeugen Texte wie sehr München den Schriftsteller inspirierte.[20] Reale Orte fallen mit literarischen Orten zusammen.

---

19 Piontek, Heinz: Mit einer Kranichfeder, Stuttgart 1962, S. 33.

20 Piontek, Heinz: Die Furt, Esslingen, 1952, S. 16.

OKTOBER IN MÜNCHEN

Das Laub der Platanen hat
sein Gelb von den Trambahnwagen.
Ein Sprühregen fleckt den Asphalt.
Was bleibt noch zu sagen?

Wer findet am Abend noch heim,
bevor die Nebel ihn würgen?
Für einen besseren Tag
will keiner mehr bürgen.

Wie hinterm Sendlinger Tor
die bittren Schritte erlahmen:
Jäh und grell zuckt ein Herz
in den Lichtreklamen.

Der zeittypisch lokale Bezug ist unverkennbar. Die Lichtreklamen zielen auf Verkaufsförderung ab und sind in München, als einer der ersten Großstädte, Zeichen der deutlich erwachenden konsumorientierten Wirtschaft. Die Eindrücke »die bittren Schritte erlahmen« könnte Piontek empfunden haben, als er sich wegen einem labilen Gesundheitszustand in der Münchner Altstadt in ärztliche Behandlung begab. Zustimmung fand in den Zeilen der Dichter und Literaturwissenschaftler Harald Hartung: »Solche Verse lassen sich, fünf Jahrzehnte nach seiner Entstehung, immer noch lesen. Ihre Form gibt dem Gefühl Halt.«[21]

In München empfing Piontek reichlich Besuch von Freunden und Kollegen und hatte auch zu Künstlerkreisen regen Kontakt. Sein Adressbuch ist eine wahre Fundgrube künstlerischer Freundschaften, aus dem nur – Qual der Wahl – einige wenige genannt werden können.

Heinz Piontek hat den in München (Agnesstraße 48) lebenden Hans Egon Holthusen im Sommer 1950 kennen gelernt; Hans Egon Holthusen, damals 37 Jahre, war in dieser Zeit drauf und dran, eine Spitzenposition unter den deutschen Nachkriegsautoren einzunehmen, vor allem aber als streitbarer Essayist und besonders auch bei »Anfängern« beachtender Literaturkritiker. Hans Egon Holthusen förderte maßgeblich das Werk Heinz Pionteks in vielfältiger Weise, darunter mit wirkmächtigen Besprechungen. Aus Wertschätzung und menschlicher Zuneigung besuchte Hans Egon Holthusen Heinz Piontek in Dillingen mehrmals.[22]

---

21 Hartung, Harald: Keine Bürgen für einen besseren Tag. Mühelos fließende Verse: Zum Tod des Lyrikers Heinz Piontek, in: Frankfurter Allgemeine Zeitung, Nr. 251, 29. Oktober 2003, S. 39.

22 Hirner, Anton: Besuch bei Freunden – Hans Egon Holthusen in Dillingen. Darin sind ausführlich die Verdienste Hans Egon Holthusens dokumentiert, in: JHVD 2023 (im Erscheinen).

Richard Exner (1929–2008) war neben Hans Egon Holthusen der älteste literarische Freund, Heinz Piontek kannte ihn seit 1957. Exner war Germanistikprofessor in den USA und selbst Lyriker. Er übersetzte Gedichtbände von Heinz Piontek ins Englische und verfasste Rezensionen zu seinen Werken. Wie eng die Freundschaft war, dokumentieren mehr als 1000 Briefe, die Richard Exner an Heinz Piontek schrieb. Er ging aber später auf freundschaftliche Distanz, weil Richard Exner die an ihn persönlich gewidmeten Bücher bei seiner Rückkehr aus den USA verschenkte. Als Künstler war Heinz Piontek in seinem späteren Leben oft verdrossen und litt an der zunehmenden Verletzlichkeit seiner Person. Das mögen weitere Gründe für das Zerwürfnis gewesen sein.

»Es ist zwischen uns eine so schöne, herzliche, wirkliche Freundschaft entstanden. [...] Es ist selten genug, dass man sich wirklich versteht. Es scheint einfach und setzt doch vieles voraus.«[23] Diese persönliche Freundschaftsbekundung schrieb der Dichter Walter Helmut Fritz (1929–2010) an Heinz Piontek. Beide verband eine grundsätzliche Verwandtschaft im Literarisch-Geistigen. Ihre Wertschätzung drückte sich in wechselseitigem Besprechen ihrer Werke aus.

Karl Krolow (1915–1999) war durch seine Mitgliedschaft in der Akademie für Sprache und Dichtung in

---

23 Walter Helmut Fritz an Heinz Piontek, Jahreswechsel 1962/1963, PiontekA.

Darmstadt eine viel beachtete Instanz im Literaturbetrieb. In den frühen Fünfzigerjahren hat Piontek in der Naturlyrik bei Karl Krolow Orientierung gefunden. Im Literaturbetrieb schätzten Heinz Piontek und Karl Krolow sich gegenseitig. Die persönliche Verbundenheit zu Piontek äußerte sich in vielen Widmungsexemplaren, darunter der Gedichtband »Zeichen der Welt« (Stuttgart, 1952), »dieses außerordentliche Buch, das ich für den wichtigsten Gedichtband halte, der seit Kriegsende bei uns erschienen ist.«[24] Im Band »Die Rauchfahne« findet sich als Freundschaftsbeweis ein Karl Krolow zugeeignetes Gedicht »Durch die Basaner Heide.«

Eberhard Horst (1924–2012), seit 1968 mit Heinz Piontek freundschaftlich verbunden, Sachbuchautor mit dem Bestseller »Friedrich, der Staufer«, wirkte am literarischen Leben Münchens als Gründungsmitglied des Schriftstellerverbandes mit. In seiner Rede auf den Büchner-Preisträger 1976, Heinz Piontek, geht Eberhard Horst auf den spezifisch herb-nüchternen Ton von dessen Poesie ein: »Aber meine Rede wäre unvollständig ohne den Hinweis auf eine Eigenheit der Piontekschen Lyrik, die auf ihre Weise dazu beiträgt, die Widerständigkeit des Gedichts zu schärfen. Ich meine das seit den Gedichten der sechziger Jahre zunehmende ›Aufklarende‹ und Helle, den Sinn für ›heiteren Ver-

---

24 Heinz Piontek an Gerhard Neumann, 7. Januar 1954, PiontekA.

stand‹ und herbe Anmut, die Fähigkeit, leichthändig und sicher zu ironisieren, ohne jede Verbissenheit, selbst das Provokante mit verbaler Gelöstheit und Heiterkeit zu durchlichten.«[25]

»Mein lieber Heinz, wie schwer auch immer Du es einem machen magst: Du musst Dir unsere Verehrung und den Respekt vor Deiner literarischen Leistung gefallen lassen.«[26] Mit diesen Worten gratulierte der Historiker und Gelehrte Horst Fuhrmann (1926–2011, dieser stand an der Spitze der Bayerischen Akademie der Wissenschaften), Heinz Piontek zu seinem 75. Geburtstag. In Kreuzburg wohnten beide in der derselben Straße und gingen den gemeinsamen Schulweg. Runde Geburtstage waren immer wieder Anlass, sich ihrer persönlichen Wertschätzung zu versichern und das tat Heinz Piontek auf seine Weise.[27]

Heinz Piontek war Förderer der zeitgenössischen Lyrik vor allem von jüngeren Autoren. Mit dem in Bayern lebenden Rainer Malkowski (1939–2003) begann zuerst die kollegial-private Beziehung nachdem Heinz Piontek Malkowski 1976 für den Bayerischen Förderpreis vor-

---

25 Horst, Eberhard: Rede auf den Preisträger, in: Deutsche Akademie für Sprache und Dichtung, Jahrbuch 1976, Heidelberg 1977, S. 72.

26 Literatur in Bayern, Heinz Piontek zum 75. Geburtstag, München 2000, S. 4

27 Piontek, Heinz: Hottek – *für Horst Fuhrmann zum Sechzigsten*, in: Morgenwache, Würzburg 1992, S. 42.

geschlagen hatte. Er fing relativ spät an, Gedichte zu veröffentlichen, hatte aber mit ihnen rasch Erfolg. Seinen dritten Gedichtband rezensierte Heinz Piontek mit erkennbarer Sympathie: »Zuletzt steht für dies und mehr eine Sprache ein: sorgfältig, bitterklar, streng, auf zarte und ebenso widerständige Weise schön. Es ist jene, die niemand anderer als Rainer Malkowski beherrscht. Sein Rang unter den Gegenwartslyrikern dürfte nach seinem dritten Band nun auch den übervorsichtigen Lesern klar werden.«[28]

»Am Samstag kommt der 23-jährige Lyriker Ludwig Steinherr (*1962) mit seiner Freundin zu uns zum Abendessen. (Eine Entdeckung von mir.)«[29] Diese Nachricht schrieb Heinz Piontek an seine Schwester Ilse und deren Ehemann. Heinz Piontek förderte den Jüngeren durch Ansporn und Empfehlungen und nahm die Rolle als sein lyrischer Geburtshelfer ein. Daraus entwickelte sich eine enge Freundschaft. Im Auftrag der Bayerischen Akademie der Schönen Künste hielt Ludwig Steinherr die Grabrede auf den verstorbenen Dichter und Freund.

---

28 Piontek, Heinz: Zeugnis der Reife. Zu Rainer Malkowski, Vom Rätsel ein Stück. Gedichte, Frankfurt, 1980, in: Neue Züricher Zeitung, Nr. 207, 7./8. September 1980.

29 Heinz Piontek an Ilse und Werner Huth, 8. Mai 1985, PiontekA.

Mitglied in der Bayerischen Akademie der Schönen Künste

Kein geringerer als Georg Britting (1891–1964) hat Heinz Piontek als Mitglied 1960 vorgeschlagen. In seiner Begründung hebt Britting »die bewusst einfache Sprache, [...] ohne gewollt prahlerische Modernität, aber es ging eine Kraft und Innigkeit von ihnen aus, die ans Herz rührte.« Das Original der Begründung, aus dem Archiv der Akademie, überreichte der Präsident der Bayerischen Akademie der Schönen Künste, Wieland Schmied, Heinz Piontek anlässlich der Feier zu seinem 70. Geburtstag. Über viele Jahre nahm Heinz Piontek aktiv an der Arbeit der Akademie teil. So brachte er zusammen mit Clemens Graf Podewils das Jahrbuch »ensemble« oder der »Umgang mit Weltliteratur und ihren modernen Klassikern« heraus. In den zehn Jahren (1969–1978) als Mitherausgeber, zuletzt als alleiniger Herausgeber, beschäftigte sich Heinz Piontek mit rund 250 in- und ausländischen Autoren und etwa 50 Übersetzern.[30] Seinen guten literarischen »Riecher« lobend, schrieb Heinz Piontek an seine Schwester Ilse Huth: »So dröhnte man mir gestern den Namen der diesjährigen Nobelpreisträgerin, der Polin Wisława Szymborska, einer Lyrikerin, aus den Lautsprechern direkt in meine Ohren. Szymborska? Momentmal! Die habe ich doch

---

30 Heinz Piontek an BSB, 8. März 1989, BSB.

mit ihren Gedichten bereits um 1970 in dem Internationalen Jahrbuch für Literatur, »ensemble«, das ich anfangs zusammen mit Graf Podewils, dann allein herausgab (im Auftrag der Bayer. Akademie der Schönen Künste), entdeckt, gedruckt! Stimmt. Ich brauche nicht lange zu suchen. Bereits im Band 2, 1971!, finde ich zwei ins Deutsche übersetzte Gedichte von der Szymborska. Und während ich ein bisschen in diesem mit Autoren aus der gesamten Welt bestückten Jahrbuch blättere, will ich meinen Augen nicht trauen. Im selben Band sind auch der Russe Jossif Brodsky (damals 30 Jahre), der Nigerianer Wole Soyika (damals 36) und Raffael Alberti (damals 69 Jahre, ein Spanier) schön und gut ausgewählt, gedruckt; alle auf Deutsch natürlich: Und alle 4 Autoren haben 12–25 Jahre später den Nobelpreis erhalten!«[31] In das Jahrbuch nahm Heinz Piontek auch Dichter auf, deren Gedichte im eignen Land verboten waren. »Den bei uns noch kaum bekannten Reiner Kunze druckten wir gleich in Nr. 1.«[32]

---

31 Piontek, Heinz: Postlose Wochenenden gab es selten bei uns. Heinz Pionteks Briefe an die Familie und Margrit Dürring, Hg. Heinz Piontek-Archiv, Berlin 2020, S.89–90. R. Alberti hat den Literaturnobelpreis nicht erhalten.

32 Piontek, Heinz: Gedenken an einen Grafen und Freund, in: Internationales Jahrbuch für Literatur, ensemble 10, im Auftrag der Bayerischen Akademie der Schönen Künste (d. i. BAdSK), Hg. Heinz Piontek, München, 1979, S. 209. Von R. Kunze wurden die Gedichte aufgenommen: *Umsteigen und Sechs neue Variationen über das Thema »Die Post«.*

Reiner Kunze (*1933) lebte damals in der DDR und sah sich verpflichtet die universalen Werte wie Freiheit und Wahrheit ästhetisch zu verteidigen. Das brachte ihn in Konflikt mit dem politischen System, der in einer drohenden Haftstrafe gipfelte. Heinz Piontek stand seinem bedrängten Dichterfreund bei und regte beim Generalsekretär der Akademie, Karl Schumann, an, sich solidarisch zu zeigen: »Könnte, ja müsste die Akademie nicht auch etwas für Reiner Kunze tun? Er ist doch unser Mitglied. Wir haben doch die Pflicht, für den jetzt Gefährdeten uns protestierend einzusetzen [...]. Kunze sagte mir einmal, in solchen Fällen zählt jede Stimme des Protestes.«[33] Letzten Endes konnte Reiner Kunze die DDR verlassen und übersiedelte im April 1977 in die Bundesrepublik.

Die Arbeit mit *ensemble* hatte für Heinz Piontek mit der zehnten Ausgabe ihren Zenit erreicht, rückblickend stufte er die Jahrbücher als für ihn ebenso bedeutend ein wie seine eignen »Spitzentitel«. Auch der zeitkritische Autor Alfred Andersch (1914–1980) lobte das Jahrbuch in hohem Maße: »ENSEMBLE 4 finde ich großartig, eine im heutigen anthologischen Betrieb einzigartige editorische Leistung. Die Wendung fließt mir nicht nur so aus der Maschine, ist vollkommen aufrichtig gemeint.«[34]

---

33 Heinz Piontek an BAdSK, 11. November 1976, Archiv BAdSK.

34 Alfred Andersch an Heinz Piontek, 12. Juni 1973, BSB.

Münchner Edition

Heinz Piontek war ein handelnder tätiger Mensch und so übernahm er nach seiner Arbeit an *ensemble* gleich als neue Aufgabe die Begründung und Herausgeberschaft der »Münchner Edition«, in der Lyrik-, Prosa- und Essaybände erschienen. Es war ein Programm für das literarisch bedeutende Buch. Darunter Neuauflagen von deutschen Autoren, deren Wirkung sich weiterhin aktuell erwiesen hatte. Heinz Piontek nahm den Roman von Georg von der Vring (1889–1968), »Soldat Suhren« neu auf, der erstmals 1927 erschien und als der erste Roman gilt (zwei Jahre vor Remarques »Im Westen nichts Neues«), der vom »Kriegserlebnis« des einfachen Soldaten handelte. Mit ihm gelang dem damals weitgehend Unbekannten der literarische Durchbruch. Für den Literaturkritiker Hans J. Fröhlich gehört der Roman »zu den überzeugendsten Büchern gegen den Krieg und zugleich zu den künstlerisch gelungensten Prosawerken der zwanziger Jahre – ein Buch, das nichts von seiner erzählerischen Frische verloren hat.«[35] Heinz Piontek lernte den Dichter, der in München wohnte, auf einer der Akademiesitzungen 1961 kennen und verfasste den Text zu dem Fernsehfilm »Die Lieder des Georg von der Vring«. Mit 78 Jahren wählte von der Vring wahr-

---

35 Fröhlich, Hans Jürgen: Ein Unsoldat zieht in den Krieg, in: Frankfurter Allgemeine Zeitung, 9. Januar 1981.

scheinlich den Freitod in der Isar. Heinz Piontek hielt die Totenrede am Grab von der Vring in seinem Geburtsort Barke an der Weser.

Auch Nachwuchsautoren wie Bernhard Nellessen und Ludwig Steinherr förderte Piontek innerhalb des Verlagsprogramms mit ihrer zeitgenössischen Lyrik. Seinen ersten Lyrikband (*Fluganweisungen*, München, 1985) widmete Ludwig Steinherr, ein inzwischen in der Öffentlichkeit bekannter Dichter, seinem lyrischen Wegweiser aus persönlicher Verbundenheit.

»Für Heinz Piontek, ohne dessen jahrelange Anleitung und Hilfe weder dieses Buch, noch diese Gedichte zustande gekommen wären, mit herzlichem Dank.«

Trilogie Münchner Romane

Piontek schrieb Reisebilder, Erzählungen und Romane, deren Schauplätze vielfach in Bayern liegen. So auch in den drei, später im Rahmen der sechsbändigen Werkausgabe 1981 als »Münchner Trilogie« zusammen gefassten Romanen »Die mittleren Jahre« (1967), »Dichterleben« (1976) – reich an Anspielungen auf Gestalten der Münchner Literaturszene! – und »Juttas Neffe« (1979). Alle drei Romane enthalten autobiografische Elemente und deutliche Bezüge zur Landeshauptstadt. Bei dem gesetzten Umfang des Aufsatzes können nicht alle drei Romane vorgestellt werden. Der Verfasser hat sich deshalb exemplarisch auf die »Mittleren Jahre« konzentriert.

Schon zu Beginn seiner literarischen Laufbahn wagte sich Heinz Piontek an seinen ersten Roman mit dem Titel »Das Inselhaus«, der aber ungedruckt blieb. Lediglich ein Kapitel dieses Romans erschien unter der Überschrift »Vom Hochwasser bedroht«.[36] Wenige Jahre später befasste sich Heinz Piontek erneut mit dieser literarischen Gattung, wobei der Roman »Wer aber nicht glaubt« abgebrochen und nicht publiziert wurde. Über den Inhalt und die Gründe für den Ab-

36 Piontek, Heinz: Vom Hochwasser bedroht, in: Welt und Wort, Jg. 6, Tübingen, 1951, S.101–102.

bruch des Romans berichtet eine eigene Abhandlung.[37] Erst viel später wendet sich Heinz Piontek mit seinem ersten publizierten Roman »Die mittleren Jahre« wieder dieser Schreibform zu und führt dabei in einer selbstkritischen Reflexion aus: »Prosa hat mich eigentlich immer interessiert. Ich habe auch, das wird man heute nicht mehr so genau wissen, mit Prosa angefangen und dann erst Lyrik geschrieben. Im Laufe der Jahre veröffentlichte ich eine Reihe von Erzählungen [...]. Ich habe mich in dieser Zeit auch immer wieder an der Form des Romans versucht, aber was dabei herausgekommen ist, hat mich nicht befriedigt. Ich merkte, dass ich mich noch in einer Sprachentwicklung befand, die rapid war. Zu einem Roman braucht man Zeit. Man kann den nicht innerhalb eines halben Jahres runterschreiben, und meine Entwicklung war doch so, dass ich eben in der Mitte des Romans ganz anders schrieb als am Anfang, dass also nie ein bruchloses Ganzes zusammenkam und ich deshalb immer wieder scheiterte. Inzwischen hat sich das wohl gegeben. Ich habe vier Jahre an diesem Roman gearbeitet, und ich glaube, dass er jetzt aus einem Guss ist.«[38]

---

37 Hirner, Anton, Wiedow, Hartwig: Blick in Heinz Pionteks Romanwerkstatt, in: JHVD 2023 (im Erscheinen)

38 Interview mit Heinz Piontek, in: agora, Schülerzeitung des Max-Gymnasiums München, April 1967, S. 20–25, PiontekA.

Auf der Suche nach einem neuen Verlag, die Betreuung bei der Deutschen Verlagsanstalt war für Heinz Piontek unbefriedigend, heuerte er bei Hoffmann & Campe in Hamburg an und stellte dem Leiter des Verlagslektorats seinen neuen Roman in Stichworten vor: »Es sollte [...] ein Buch über ›gewöhnliche‹ Menschen sein. [...] Der Roman ist in seiner Thematik vielfältig. Roman einer Ehe, der Ehe überhaupt, Roman einer Passion, Geschichte eines Süchtigen, ein Generationsroman, ein Roman der Stadt München usw. [...] Das Politische kulminierend im Scholl-Schmorell-Kapitel: hier hat ja sowohl die beschriebene Generation als auch München ein außerordentliches Symbol. Dann das Urmuster: die Antike, Ovid [...]. Seit 1945 der erste anspruchsvolle Roman, der auf die Stadt München eingeht (Koeppens ›Tauben im Gras‹ gebrauchen die Stadt nur als Schnittmuster). Hier ist München nicht bloß Hintergrund. [...] Es ist ein konstruktives Element des Romans. Ich habe ein möglichst unkonventionelles München aufzubauen versucht. Statt das tausendmal beschriebene Oktoberfest noch einmal zu beschreiben, habe ich die Vorbereitungen zum Fest wiedergegeben, beispielsweise: abgelegene Stadtteile wie etwa die Oberwiesenfeld-Gegend, das altbekannte Schwabing stellenweise, verfremdet [...]. Dennoch ist der Roman nicht eng auf die Stadt allein konzentriert. Immer wieder wird der Horizont geöffnet: Holland, Frankreich, Italien, der Osten ziehen den Blick ins Weite. Die Geschichte mit dem Koffer der Geheimorganisation (eine Anspielung auf die damalige OAS-Affäre[39]) soll gewissermaßen als Satyrspiel die Tragödie begleiten. Sie endet farcenhaft: im Gegensatz zu Schmorells Polizeierfahrung in einem totalitären Staat. Der Schluss weder happy noch unhappy. Das Leben, das weitergeht.«[40]

Diese Stichworte Pionteks sollen hier ergänzt werden: Die Geschehnisse des (nicht chronologisch erzählten) Romans werden von einem vierzigjährigen Ich-Erzähler geschildert, der nach dem Krieg seine Ausbildung als Gymnasiallehrer beginnt, verbeamtet wird und eine Familie gründet. Eine Begegnung mit einer jungen Frau führt dazu, dass sein Leben in eine tiefe Krise fällt, in der ihm alle Sicherheiten abhandenkommen. Er lässt sich frühzeitig pensionieren und zieht resigniert aufs Land. Nach sieben Jahren, gezeichnet von Einsamkeit und Krankheit, erwacht sein Lebenswille wieder, er fährt für eine kurze Zeit nach München zurück, um mit seiner Vergangenheit fertig zu werden und vielleicht sogar neu anfangen zu können. Diese in München verbrachten Tage im Jahre 1963 rahmen die Geschichte des Protagonisten ein. Der Stadt werden dabei verschiedene

39 Die Organisation de l'armée secrète war eine französische Terrorbewegung während der Endphase des Algerienkriegs, die auch in Deutschland aktiv war.

40 Heinz Piontek an Egon Schramm, Hoffmann & Campe Verlag, 25. August 1966, Unternehmensarchiv des Hoffmann und Campe Verlag.

Bedeutungswerte zugeschrieben, so dass sie für den Roman gleichsam sinnstiftend wird.

Heinz Pionteks Romandebüt spiegelt das Abbild einer einzigen Generation, der damals Vierzigjährigen – der Generation des Autors selbst, behandelte darin schon früh das Thema »Midlife-Crisis«, eingebunden in die Nachkriegsatmosphäre Münchens der Fünfzigerjahre. Verdienstvoll und engagiert ist die geschichtliche Rückbesinnung auf die Widerstandsbewegung »Weiße Rose«, den Freundeskreis um die Studenten Hans Scholl und Alexander Schmorell, der bisher wohl umfangreich zeithistorisch untersucht, aber eben noch nicht dichterisch bearbeitet wurde. »Ich kam immer wieder auf einen, den ich Schmorell nannte, und versuchte zu denken, was er gedacht hatte, zum Beispiel den Satz: *Wir sind euer böses Gewissen.* In meinem Kopf funkelte auf die Erde geworfener Schnee, ich hörte die Flak schießen. Wenn ich mich richtig entsann, erhielt damals ein studierender Soldat monatlich zweihundert Mark sowie Kunsthonig und Kommissbrot unentgeltlich. Warum blickte Schmorell mit so großer Gier auf die Schneekristalle? Im nächsten Augenblick konnte Scholl, der nie gern vom Konkreten abwich, ein weißes Blatt in die Höhe heben und allen Ernstes behaupten, es sei besser als jedes bedruckte.«[41] Waldemar Fromm hat in seinem Aufsatz »Münchenbilder in Heinz Pionteks Roman –

---

41 Piontek, Heinz, Die mittleren Jahre, Hamburg, 1967, S. 228.

Die mittleren Jahre« gerade auch unter Verweis auf die Widerständler der Weißen Rose herausgearbeitet, »dass die Spuren der Geschichte in der Stadt […] die Auseinandersetzung mit ihr abverlangen […]. Den Erinnerungsorten wird eine moralische Dimension eingeschrieben, die der Einzelne jeweils neu in der Konfrontation mit den Spuren der Geschichte in der Stadt verlebendigen muss.«[42]

In den Reaktionen der Literaturkritik gab es eine breite Zustimmung zum Roman, vereinzelt jedoch auch Ablehnung.

---

42 Fromm, Waldemar: Münchenbilder in Heinz Pionteks Roman *Die mittleren Jahre*, in: Jahrbuch Freunde der Monacensia e. V., München 2020, S. 282–283.

Heinz Piontek war in den Sechzigerjahren ein hochgeschätzter Autor. Seine Bücher wurden viel gelesen und erfuhren in der Germanistik eine ausführliche Würdigung: Literaturwissenschaftler befassten sich mit seinem Werk, in dem Literatur nicht für weltanschauliche Ideologien in Anspruch genommen, der zentrale Antrieb des Schreibens vielmehr im ästhetischen Eigenwert der Dichtung gesehen wurde. In seinen Schriften verteidigt er immer wieder das Recht auf das Schöne. »Sie, die Schönheit, heute eine verachtete und verhöhnte Kategorie, ja ich nehme sie in Schutz. Sie ist längst nicht mehr das Wohlgefällige, Glatte, das nirgends Widerstand bietet. Die Dialektik in der Entwicklung der Ästhetik hat den Spieß umgedreht: heute stolpern wir über das Schöne, [...]. an dem sich die Geister scheiden. Schönheit als Provokation.«[43]

An der Münchner Universität begannen mit dem Wintersemester 1961 eine Reihe von Poetikvorlesungen, die zusammen mit der Bayerischen Akademie der Schönen Künste veranstaltet wurden. Hauptsächlich jüngere Mitglieder der Akademie sollten über ihre

---

43 Piontek, Heinz: Selbstverhör, in: Liebeserklärungen, Hamburg, 1969, S. 211.

Werktstatterfahrungen berichten. Emil Preetorius[44], der Präsident, eröffnete die Vorlesungen, die, wie er erklärte, für München etwas Neues seien. Erster Referent war Heinz Piontek.[45]

»Am 19.1. [1961] fuhr ich dann nach München zur Lesung. Sie fand im Auditorium maximum statt. Ich stand also auf jenem erlauchten Platz, von dem aus Hofmannsthal 1927 in seiner berühmten Rede ›Das Schrifttum als geistiger Raum der Nation‹ die Forderung einer ›konservativen Revolution‹ (sic!) verkündete. Der amphitheatralische Saal war bis auf den letzten Platz gefüllt; etwa tausend Hörer hatten sich eingefunden. Meine neuen Gedichte fanden viel Zustimmung, mein kritisches Ateliergespräch, ›Das unerwünschte Gedicht?‹ (die neue Arbeit) brachte eine kleine Opposition zum Zischen, wie man mir nach der Lesung sagte, wurde aber von der Mehrheit durchaus akzeptiert. Anschließend fand im Prinz-Carl-Palais, dem Sitz der Akademie, eine Art Round-Table-Gespräch mit Professoren und Studenten statt, bei dem man mich ein wenig in

---

44 Emil Preetorius (1883–1973) amtierte als Präsident der Bayerischen Akademie der Schönen Künste in München von 1953 bis 1968.

45 Piontek, Heinz: Zur Wirkungsgeschichte eines schreibenden Einzelgängers, Hg. Ludwig Steinherr, 2. Aufl. Selbstverlag, 2000, S. 1070–1071. PiontekA. (Weitere Referenten waren Karl Krolow, Gerd Gaiser, Wilhelm Lehmann, Hans Magnus Enzensberger, Georg von der Vring, der polnische Lyriker Tadeusz Różewicz.)

die Zange nahm, aber ich glaube, ich blieb den Disputanten keine Antwort schuldig. Auf jeden Fall waren die würdigen Herren der Akademie – von Preetorius, dem Präsidenten, bis [Curt] Hohoff, dem Leiter der literarischen Sektion – sehr angetan von meinem entschiedenen Auftritt, und noch immer erreichen mich Briefe von Hörern, die mir ihren Beifall versichern.«[46]

Nur ein paar Jahre später sollte der Autor Heinz Piontek ein Studienobjekt an der Ludwig-Maximilians-Universität München werden, wo Hermann Kunisch (1901–1991) als Professor für Neuere Deutsche Literatur lehrte. Sein damaliger Assistent, Wolfgang Frühwald,[47] schrieb dem Verfasser dieses Aufsatzes am 25. August 2011, dass er Heinz Piontek »lebenslang immer wieder gelesen habe und ihm auch persönlich begegnet« sei, verpflichtete den Germanistikstudenten Norbert Langer im Proseminar für die erste Piontek-Bibliografie. Heinz Piontek war selbst an der Arbeit interessiert, unterstützte den Studenten mit gesammelten Rezensionen zu seinen Werken und kommentierte sie:

---

46 Heinz Piontek an Gerhard Neumann, 6. Februar 1961, PiontekA.

47 Wolfgang Frühwald (1935–2019) war Professor für Neuere Deutsche Literatur an der Münchner Ludwig-Maximilians-Universität und bekleidete die Ämter des Präsidenten der Alexander-von-Humboldt-Gesellschaft (bis 2007) und vorher noch der Deutschen Forschungsgemeinschaft.

»Es ist schon ein sonderbares Gefühl, die eigene Arbeit und ihr Echo auf 42 Seiten registriert zu sehen!«[48]

Im germanistischen Hauptseminar von Professor Werner Vordtriede (1915–1985) an der Universität in München war Heinz Pionteks vierter Gedichtband, nach fünfjähriger Arbeit, »Mit einer Kranichfeder« Gegenstand der literarischen Forschung. In dem Band setzte Heinz Piontek seine dichterische Entwicklung kontinuierlich fort, indem er wie auch schon in den vorausgegangenen Bänden auf jede Verschlüsselung verzichtete, vielmehr »das offene, das mitteilsame, das durchscheinende Gedicht, [...] die stabile und unmittelbare Verlautbarung«[49] anstrebte, um die Verse zu einem Ort der Verständigung zu machen.

Unter dem Thema »Gegenwart als poetische Figur« interpretierten Doktoranden Gedichte wie zum Beispiel *Lichtspiele, Schneenacht, Preußisch Blau* in ihrer Sprache. Auf Wunsch von Werner Vordtriede charakterisierte Heinz Piontek die Arbeiten und nahm auch dezidiert zu den Interpretationen Stellung, die er am Ende so zusammenfasste: »Ich halte Poesie für eine besondere Form des Erkennens, einer besonderen Form der Wahrheit. Ein solches Erkennen hat mit Wissenschaft nichts zu

---

48 Heinz Piontek an Norbert Langer, 11. Januar 1963, PiontekA. Die Bibliografie verwahrt die BSB.

49 Piontek, Heinz: Von der lyrischen Praxis, in: Schönheit Partisanin, Schriften zur Literatur. Zu Person und Werk, Werke in sechs Bänden, Band 5, München 1983, S. 675.

tun. Poesie kann zwar Objekt der Wissenschaft werden, wie umgekehrt Wissenschaft Objekt der Poesie werden kann.«[50]

50 Typoskript mit handschriftlichen Korrekturen (S.1–11) von Heinz Piontek, 1966, S. 11, BSB.

Riederau

Die Wohnung in der Winzererstraße war für den lärmempfindlichen Schriftsteller wegen der mangelnden Isolierung nur mäßig für die Schreibarbeit geeignet, zudem avancierte die Straße zum Hauptzubringer für Baufahrzeuge zum Olympia-Gelände. Die Großstadt empfand Piontek als zunehmend nervtötend. Nicht weit von München entfernt fand der rückzugsbedürftige Autor eine Ausweichwohnung in Riederau (seit 1978 Ortsteil von Dießen) am Ammersee. Seine Sehnsucht nach einem Refugium am Rande – wie damals in Lauingen sein erstes eigenes Zimmer – das ihn antrieb, hat sich hier erfüllt. Ein älteres Ehepaar, der Mann war Imker, vermietete die Zwei-Zimmerwohnung im Dachgeschoß. Die Entfernung zum See betrug nur fünf Gehminuten. Die Originalmöblierung stammte noch aus der Dillinger Wohnung. In Riederau erlebte Piontek 14 Sommer (1968–1981) und literarisch produktive Jahre. »Die Dachstube«, wie Piontek die Wohnung nannte, ging schmerzlich verloren, da nach dem Tod der Hausherrin, das Haus von der Alleinerbin ganz beansprucht wurde. »Ich bin sicher, außer den vier Wänden, zwischen denen der Schriftsteller arbeitet, weiß niemand genau, was es heißt, Tag für Tag sein Pensum zu schreiben, und was sich dabei im Lauf vieler Jahre so abspielt […]. Und wenn ich einst die Treppe hinunterging, traf ich zuweilen auf den Hauseigentümer, einen inzwischen leider verstorbenen Imkermeister, den Herrn über eine halbe Million Bienen, eine bekannte und anerkannte Koryphäe. Gutherzig wie die meisten seines Metiers, stiftete er mir zu gegebener Zeit auf einem Teller Stücke seines raren, teuren, herrlich schmeckenden Scheibenhonigs, während die Imkersfrau frische Erdbeeren dazutat. Wie die ›goldenen Bienen‹ Homers summen noch einige aus seinen verkauften Völkern suchend ums Haus.«[51]

In seiner Wohnung empfing Piontek reichlich Besuch. Der deutsch-rumänische Dichter Oskar Pastior (1927–2006) nutzte einen Aufenthalt in Wien zur Flucht in die Bundesrepublik und bat Piontek in seinem Brief aus dem »Durchgangslager« Geretsried in Oberbayern um Hilfe: »Hätten Sie einmal ein bisserl Zeit für mich und meine Wortgebilde? Ihr Rat und Ihre Meinung wären mir gerade in meiner jetzigen Lage sehr wertvoll. Ihre Frau Gemahlin war so liebenswürdig, mir Ihre Anschrift am Ammersee zu geben.«[52] Piontek lud den Dichterkollegen zu sich nach Riederau im Juni 1968 ein und half ihm bei seinen ersten Schritten in der Freiheit.

---

51 Piontek, Heinz: Die Dachstube, in: Werke in sechs Bänden, Band 4. Farbige Schatten. Die Aufzeichnungen. Die Reiseprosa. München 1984, S.162–165.

52 Oskar Pastior an Heinz Piontek, 27. Mai 1968, BSB. Das Buch »Die Atemschaukel« von Herta Müller stützt sich auf Oskar Pastiors Erinnerungen. Er war 1945 als 17-jähriger von den Russen verschleppt worden und musste fast fünf Jahre in sowjetischen Lagern Zwangsarbeit leisten.

Abb.: Erinnerung an heitere Momente:
Heinz Piontek (links) und Oskar Pastior
im Obstgarten der Wohnung
in Riederau, Juni 1968

Zum Dank für sechsjährige literarische Zusammenarbeit besuchten Elisabeth und Reiner Kunze das Ehepaar Piontek in Riederau (1978). Und sein Dichterfreund Rainer Malkowski erinnert sich: »Ich denke dabei an jenen zurückliegenden Tag in Riederau, an dem Du mir das Du angeboten hast und an dem eine neue Zeitrechnung zwischen uns begann – unvergessen.«[53]

Mit seinem zwölfteiligen Gedichtzyklus *Riederauer Gedicht*[54] setzte Heinz Piontek der Gemeinde Riederau ein Denkmal.

Nicht stillbare Fragen.

Ich bewege wieder Arme und Beine. Mir scheint, ich gewinne die alte Kühnheit zurück, unter die Tür zu treten.

An offenen Stellen bricht das dunkelblaue Futter des Landstrichs durch. Vorgeschobene Ufer stehen zu ihrem Entschluss, nicht zu weichen. Unbescholten das Segel, die Bö, das Feuer der Sonne.

---

53 Rainer Malkowski an Heinz Piontek, November 1995, PiontekA.

54 Piontek, Heinz: Riederauer Gedicht, in: Tot oder lebendig, Hamburg, 1971, S.75–93.

Ich, denkendes Schilfrohr, lerne wieder vom Schilf,
mich aufrecht zu halten. Nicht den Mund verziehen,
auch wenn ich etwas viel zu sehr liebe.

Der Zyklus gehört zu seinen bedeutendsten Gedichten. Im Mittelpunkt steht die Selbsterforschung: existentielle Fragen wie Leidenserfahrung und kritische Hoffnung werden thematisiert: Ein durchstandener körperlicher Erschöpfungszyklus, von dem sich das poetische Ich nur mühsam erholte. Das Heilmittel für diese Situation war für Heinz Piontek schon immer die alltägliche Arbeit gewesen.

Heinz Piontek hat seit 1971 (*Tot oder lebendig*) keinen neuen Lyrikband mehr veröffentlicht, sieht man von den 1975 erschienenen »Gesammelte Gedichte« einmal ab. Sein siebter Band »Wie sich Musik durchschlug« zeugt von Beharrlichkeit und diszipliniertem Arbeitsethos.

Der Musik kommt darin eine mehrfache Bedeutung zu. Zum einen in der von Wolfgang Amadeus Mozart komponierten Serenade (*Eine kleine Nachtmusik*), denn der Dichter spricht in seinem Programmgedicht *M., Compositeur* den genialen Meister direkt an: »*KV 525 schreibst du für Spatzen, / damit sie es von den Dächern pfeifen,*« zum anderen in dem titelgebenden Gedicht (auf das oben bereits hingewiesen wurde).[55] Erinnerungen und Gefühle des 1945 im Bayerischen Wald in Kriegsgefangenschaft geratenen Soldaten werden hier, gleichsam aus der Tiefe der Zeit, lebendig! Ein hungriges

---

55 Der Gedichtband »Wie sich Musik durchschlug« erschien in Hamburg 1978; zwei weitere Auflagen folgten 1980 bzw. 1982 in München. Heinz Ludwig Arnold startete als Herausgeber zur Buchmesse 2000 mit dem ersten virtuellen Verlag für zeitgenössische Dichtung (Heinz Ludwig Arnold an Heinz Piontek, 19. April 2000, PiontekA). Für dieses Programm gewann Heinz Ludwig Arnold Heinz Piontek mit der Neuauflage des Gedichtbandes »Wie sich Musik durchschlug«, der dann in der Lyrikedition 2000 erschien.

Mädchen kommt plötzlich in dem gemeinschaftlichen Essraum[56] an. Sie ist mit ihrer Geige von der Front im Norden in den Süden »gepilgert« (wie es in dem Gedicht heißt).

»*Bevor sie verschwand / strich sie für uns / alle vier Seiten an; // … Anerkennend schlugen wir lange / mit den Knöcheln / auf den Tisch – // ahnungslos begrüßten wir / das Überleben eines /klassischen Themas.*« Die Botschaft des Gedichts beziehungsweise der gesamten Folge lautet in den Worten von Hermann Kunisch: »Musik schlägt sich durch allen Untergang durch und verbürgt das Überleben.«[57]

Heinz Piontek veröffentlichte 16 Gedichtbände (später noch *Was mich nicht loslässt* (1981), *Helldunkel* (1987), *Neue Umlaufbahn* (1998), aber kein Band war so erfolgreich wie »Wie sich Musik durchschlug« und brachte ihm viel Lob ein: »Ich habe viele Ihrer Gedichte liebgehabt. Aber ein Buch wie dieses haben Sie noch nicht geschrieben. Es steht einzig da in unserer Landschaft. Diese Heiterkeit der Verzweiflung, die immer leicht bleibt wie ein Spiel, aber doch sehr ernst ist. Auch das Polemische mit Heiterkeit und Witz, ohne Bitterkeit

---

56 In seinem autobiografischen Roman *Stunde der Überlebenden* (1989, S. 200) tritt Piontek aus dem Bereich der literarischen Fiktion heraus und verknüpft die Essensausgabe in der Gemeinschaftsküche mit dem eigenen Erlebten.

57 Kunisch, Hermann: Dass wir das Schöne nicht fürchten müssen, in: Schlesien, Jg. 24 (1979), Heft 1, S. 34.

einfach dahingesagt. Keinerlei Schielen nach Moden. Man könnte Regale abräumen und dies Buch würde viele ersetzen.«[58]

58 Hilde Domin (1909–2006) an Heinz Piontek, 9. Februar 1983, BSB.

Chronist

Heinz Piontek verstand sich selbst als Chronist seines Werks und Lebens und hat mit großem Nachlassbewusstsein dessen Zeugnisse gesammelt. Er wollte sein Nachleben sichern und verkaufte daher seinen Vorlass, beginnend ab 1981, an die Bayerische Staatsbibliothek. Dabei spielten auch finanzielle Gründe eine Rolle. Es handelt sich um den größten literarischen Nachlass nach 1945, der bei der Bayerischen Staatsbibliothek verwahrt wird und einen wesentlichen Teil deutscher Literaturgeschichte widerspiegelt. Den Ankauf darf man auch als Autorenförderung werten.

»Viel Arbeit kostete mich ferner die Vorbereitungen zur Errichtung eines Piontek-Archivs. Die Verhandlungen mit der Bayerischen Staatsbibliothek zogen sich über ein Jahr hin. Doch jetzt ist es geschafft. Stell Dir vor, ich sondere einen Papierberg aus, der nur mit einem Lieferwagen mittlerer Größe transportiert werden konnte.«[59]

Der Kaufpreis für den Vorlass, in mehreren Teilen, betrug 270.000 DM, ohne die Tagebücher,[60] die erst nach dem Tod von Heinz Piontek von der Staatsbibliothek

---

59 Heinz Piontek an Gerhard Neumann, 2. Oktober 1982, PiontekA.

60 Heinz Piontek führte ein Tagebuch, seine »Tägliche Notizen«. Es handelt sich um Aufzeichnungen von 1954 bis Ende 1999, gesammelt in 11 Leitz-Ordnern und Schnell-

Buchhandlung: Heinz Piontek, Dülferstr. 97
8000 München 50

Postscheckkonto: Hypo-Bank München
Konto-Nr. 371 00 15600

München, den 14.5.1982

10

RECHNUNG

für die Bayerische Staatsbibliothek München

Stück	Verfasser und Titel	Ladenpreis DM | Pf	Netto DM | Pf	
11	Konvolute Briefe von Karl Krolow, Günter Eich, Holthusen, Gerd Gaiser, Reiner Kunze, Rainer Malkowski, Hermann Lenz, Gerhard Neumann sowie Durchschläge von Briefen Pionteks		54205.-	
1	Konvolut mit 35 Zeichnungen u. Aquarellen Pionteks		7000.-	
	x Heinz Piontek			
			61205.-	

1. Die stark umrandeten Teile sind für Eintragungen der Bibliotheksverwaltung freizuhalten.
2. Novitäten und Fortsetzungen sind immer mit getrennten Rechnungen zu liefern.

000 4.61 Kfr.

Abb.: Rechnung Konvolut Briefe aus Vorlass.

erworben wurden. Diese Tagebücher sind ein wichtiges Werk für Heinz Piontek, unbehelligt von Urteilen und Kritik. »Gerade das reizte mich, zu versuchen, nun buchstäblich das ›Tägliche‹ festzuhalten, gewissermaßen die Monotonie, die ja wohl in jedem Menschenleben vorherrscht.«[61]

---

heftern, die in der Handschriftenabteilung der BSB verwahrt werden.

61 Heinz Piontek an Bayerische Staatsbibliothek, 8. Juni 2000, BSB.

Seine Lebensphasenromane *Zeit meines Lebens* und *Stunde der Überlebenden* sind zu einem wichtigen Teil seines Schaffens geworden. Obwohl die Ereignisse schon lange vergangen sind, hat sich Heinz Piontek mit der Reproduktion seiner Erinnerungen Zeit gelassen. Eine bestimmte Sperre musste sich erst lösen, damit der Stoff bewältigt werden konnte. Nach Kreuzburg in seine oberschlesische Heimat kehrte Heinz Piontek persönlich nicht mehr zurück, als Schriftsteller aber erfolgte eine besondere Form der Heimkehr mit seinen beiden autobiografischen Romanen.

In *Zeit meines Lebens*, woran er fünf Jahre gearbeitet hatte (»Die größte Strapaze meines Schriftstellerlebens«), erzählt Heinz Piontek von seiner Herkunft, seiner Kindheit und Jugend bis zu dem Zeitpunkt, da er mit siebzehn als Soldat, von der Schulbank weg, in den Krieg musste.

»Am letzten Schultag vor Ostern wurden Zeugnisse verteilt. Für die eine Hälfte der Klasse, zu der ich zählte, waren sie zugleich die Abschlusszeugnisse. Überraschenderweise enthielten sie obendrein den Vermerk über die Versetzung in die nächsthöhere Klasse. [...] Studienrat Kautz vertrat die Meinung, wir, die wir im Mai die Schule verlassen müssten, sollten dankbar sein; denn *nach* dem Krieg, sagte Kautz, wenn wir auf die Universitäten wollten, würde der Versetzungsvermerk Erleichterungen verschaffen [...]. Den einzelnen

Fachnoten zufolge war ich nun zum Schluss ein mittelmäßiger Schüler. Herausragende Zensuren konnte ich bloß in Leibesübungen, Kunsterziehung und Latein vorweisen. *Hat sich nach Kräften bemüht*, lautete meine mir hinterhältig oder doppelzüngig vorkommende Gesamtbeurteilung durch Kautz. So endete ein Lebensabschnitt.«[62]

Der Roman war ein großer Erfolg, den diese Briefstelle[63] bezeugt:

»Mit ›Zeit meines Lebens‹ ging – und geht es mir weiterhin – sonderbar. Als es im Herbst 84 erschien, erhielt ich ungelogen ein halbes Jahr lang täglich Briefe, Anrufe, Hinweise auf diesen und jenen begeisterten Leser – also eine wunderbare Resonanz-Welle. Da hatte ich rund 40 Bücher geschrieben, und ausgerechnet das bringt mir so viel Teilnahme, Enthusiasmus, Bewunderung ein – keins der 39 anderen wurde ein derartiger Leseerfolg.«

Was Heinz Piontek besonders freute, dass ihm bescheinigt wurde, in dem Buch den Nazi-Alltag der damals Heranwachsenden aufrichtig und realistisch beschrieben zu haben. Hervorzuheben ist die Wiedergabe

---

62 Piontek, Heinz: Zeit meines Lebens. Autobiographischer Roman. Dritte revidierte Auflage, Würzburg 1994, S. 425–426. Die Erstausgabe des Romans erschien bereits in München 1984.

63 Heinz Piontek an Gerhard Neumann, 10. April 1987. PiontekA.

eines Gesprächs über die Situation der polnischen Bevölkerung mit seiner Schwester, die als junge Lehrerin im »Warthegau« eingesetzt war. Mit Entsetzen reagierte damals der sechzehnjährige Schüler.

In dem bereits mehrmals zitierten zweiten autobiografischen Roman Pionteks *Stunde der Überlebenden* widmet sich der Autor chronologisch den Jahren von 1943, also der Beginn seines Militärdienstes und endet 1947, als er Student wurde. Gegenüber seinem Schriftstellerkollegen Harald Gröhler benennt er das Wesentliche seines Buches, es sei »[...] sein gelungenstes Erzählbuch. Es ist vielleicht gar nicht besser erzählt als ›Zeit meines Lebens‹ hatte aber, allein schon durch seine räumliche Weite, auch eine größere Fülle: an Menschen, Schicksalen, Orten, ›Action‹, ebenso an Gedanken, Überlegungen, es ist einfach tiefer, weil ich im zweiten Band älter bin. Auch dadurch gewinnt es für mich an Bedeutung.«[64] Wie wichtig dieses Buch für Heinz Piontek war, lässt sich daran erkennen und beweist den Ehrgeiz des Schriftstellers, dass er noch in seinen späten Jahren unter hohem Zeiteinsatz akribisch an einer korrigierten und verbesserten Neuauflage gearbeitet hat, unter Mitarbeit von Margrit Dürring, einer Vertrauten seines Herzens. Beim Lesen der fertigen Fassung stellte er euphorisch fest: »Ich schwebe geradezu über die Zeilen hinweg. Es ist wunderbar. Nirgendwo stoße ich

64 Heinz Piontek an Harald Gröhler (*1938), 24. November 1989, PiontekA.

an, nichts hält mich auf, kein Druckfehler, keine Stelle, die ich noch zu verbessern vergessen habe, auch keine, die ich noch verbessern müsste.«[65] Von dem Originalmanuskript wurden nur drei Exemplare in Buchausgabe gedruckt. Eines dieser bibliophilen Rarität befindet sich im Piontek-Archiv, Lauingen.

---

65 Heinz Piontek an Margrit Dürring, 30. November 2001, PiontekA.

Jubiläum / Geburtstage

Pünktlich zu seinen Geburtstagen trafen in München Glückwunschbriefe ein, die Heinz Piontek (wie überhaupt seine Post) sorgsam archivierte. Die eigenen Jubiläen wusste er durchaus zu feiern. Schon am Vortag zu seinem 60. Geburtstag gab er für etwa 50 Freunde und Nachbarn ein feierliches Essen im »Bayerischen Hof« in München und hatte dazu eine Tisch- und Sitzordnung vorbereitet – ein spektakuläres Exponat, zu sehen im Piontek Museum. Sein Verlag, Franz Schneekluth München, veranstaltete die Feier in der Residenz der Bayerischen Akademie der Schönen Künste, an der 300 Gäste teilnahmen. Der Kulturreferent der Landeshauptstadt Jürgen Kolbe sprach das Grußwort und lobte dabei besonders die Reiseprosa des Autors. Höhepunkt war die Übergabe seiner Werkausgabe in sechs Bänden, was nur wenigen Autoren zu Lebzeiten zuteilwird. Als Schriftsteller kann man sich »kaum etwas Schöneres vorstellen als: seine hier und da, in diesem oder jenem Gewand erschienenen Bücher einmal zu einer Reihe zusammengestellt, einheitlich gedruckt und gebunden und durchnummeriert, vor sich zu sehen.«[66]

Das Echo auf seinen Geburtstag war beeindruckend. Heinz Piontek bekam rund 370 Briefe und Tele-

66 Heinz Piontek an Margrit Dürring, 13. Februar 1997, PiontekA.

gramme, darunter solche »vom Bundeskanzler, von unserem ›Landesvater‹, von mehreren Ministern, dazu Gratulationen von großen Kollegen und Leuchten der Wissenschaft.«[67] Auch viele Unbekannte beglückwünschten ihn. 70 Zeitungen und Zeitschriften brachten meist ausführliche Würdigungen. Walter Hinck charakterisierte Pionteks Bedürfnis nach Schönheit folgendermaßen: »Er selbst versteht sich als Einzelgänger. Darauf deutet auch der Titel seiner gesammelten Schriften zur Literatur, ›Schönheit Partisanin‹. Im Bild der Schönheit (der Kunst), die hinter den eigentlichen ›Linien‹ kämpft (kämpfen muss), drückt sich ebenso Trauer wie Protest aus, nicht aber Entsagung. Wer zu den Partisanen geht, resigniert nicht.«[68] Aus Dankbarkeit und ebenso aus Zuneigung an den Jubilar stellten Freunde, Weggefährten und Kollegen (26!) eine Sammlung persönlicher Freundschaftsbekundungen in zahlreichen Formen des Schreibens zusammen, darin Widmungsgedichte, Dialoge, Essays und Betrachtungen.[69]

Wenige Tage nach der Feier wird Heinz Piontek vom Bundespräsidenten mit dem Bundesverdienstkreuz

---

67 Heinz Piontek an Norbert Langer, 2. Dezember 1985, PiontekA.

68 Hinck, Walter: Der Kampf hinter den Linien. Der Schriftsteller Heinz Piontek wird sechzig, in: Frankfurter Allgemeine Zeitung, Nr. 266, 15. November 1985, S. 27.

69 Damals, damals und jetzt: Heinz Piontek zum 15. November 1985, Hg. Richard Exner u. Michael Schmidt, München 1985.

Abb.: Heinz Piontek erhält aus den Händen des Bayerischen Kultusministers Hans Maier das Bundesverdienstkreuz erster Klasse im Ministerzimmer, 27. November 1985.

1. Klasse ausgezeichnet. Die Verleihung übernahm der Bayerische Kultusminister Hans Maier (*1931) in seinen Amtsräumen.

Auszeichnungen und Auskommen

Für Heinz Piontek waren Literaturpreise, unabhängig von der in ihnen zum Ausdruck kommenden Wertschätzung, ein nicht unwesentlicher Bestandteil seines Lebensunterhalts. Im harten Existenzkampf musste der Autor – kaufmännisch gesprochen – mit einer Mischkalkulation aus Preisgeldern, Honoraren für Lesungen, Beihilfen und Einnahmen aus Publikationen, sein Auskommen finden. Das gelang ihm im Laufe seines literarischen Schaffens ziemlich gut, zumal er mehr als 16 Preise und Auszeichnungen empfing und damit einer der am höchsten dekorierten Schriftsteller der Bundesrepublik Deutschland war. Heinz Piontek erhielt 1976 den bedeutendsten Literaturpreis, den Deutschland zu vergeben hat: den Georg-Büchner-Preis. Er selbst hätte es nie für möglich gehalten, mit diesem Preis geehrt zu werden, da bisher der Preis – Zitat Piontek – »ja fast in der Hand von einigen Königsmachern ›progressiver‹ Art zu liegen schien.« Aber kein Preis hat ihm solch einen Umschwung, Kritik und Häme eingebracht wie der Büchner-Preis. Der konservative Einzelgänger und der aktuelle Trend passten nicht mehr zusammen. Heinz Piontek wollte sich jedoch nicht anpassen; er blieb sich treu.

Die Stadt München brachte dem Schriftsteller schon früh Anerkennung für seine literarischen Leistungen entgegen. Den Förderpreis Literatur der Stadt München erhielt Heinz Piontek für seinen Band »Die mittleren

Jahre« 1967. Mit dem renommierten Tukanpreis »Eine Auszeichnung für eine sprachlich, formal und inhaltlich herausragende literarische Neuerscheinung« wurde der Autor wenige Jahre später geehrt, damals dotiert mit 5.000 DM.

Der Bayerische Verdienstorden gilt als der schönste Orden Deutschlands. Die Auszeichnung ist ein staatlicher Preis und wird vom Ministerpräsidenten als »Zeichen ehrender und dankbarer Anerkennung für hervorragende Verdienste um den Freistaat Bayern und das bayerische Volk« verliehen. Heinz Piontek erhielt die Auszeichnung im Jahr 1992 und schilderte den Hergang der Verleihung seiner Schwester Ilse und deren Ehemann: »Der Bayerische Verdienstorden wird auch der ›weißblaue Pour le Mérite‹ genannt. Er wird am Hals getragen wie einst das Ritterkreuz. Genau hundert Damen und Herren wurden ausgezeichnet, darunter der Oberbefehlshaber der amerikanischen Truppen in Deutschland [John J. Galvin, ehem. Oberster Alliierter Befehlshaber Europa, USA] und Uschi Glas. Die weiblichen Wesen waren stark in der Minderheit (14), noch weniger hatte man an die Künstler gedacht. Ich war der einzige Schriftsteller. Der Orden wurde uns vom Ministerpräsidenten persönlich mit einer Urkunde überreicht, d. h. der Orden wurde uns von einem dienstbaren Geist gleich um den Hals gelegt, und anschließend machte die Presse von Streibl[70] und dem jeweiligen Dekorierten Fotos.«[71]

Nach einem voll ausgeschöpften Berufsleben erreichte Heinz Piontek mit 65 Jahren das Alter, in dem abhängige Erwerbstätige normalerweise »in Rente gehen«. Die monatliche Rente fiel aber bescheiden aus und überstieg nur unwesentlich die Mietkosten für die Dreizimmer-Wohnung in Feldmoching. Zudem war das Ruhegehalt von Gisela Piontek nach zehnjähriger Angestelltentätigkeit im Deutschen Patentamt München gering. Als Schriftsteller arbeitete er aber weiter, fast mit dem Tempo wie in seinen Berufsjahren, und konnte durch Publikationen zusätzlich seine wirtschaftliche Lage aufbessern. Dennoch, für einen angemessenen Lebensstil in der teuren Großstadt waren die Mittel knapp. In dieser bedrängten finanziellen Situation half der Freistaat Bayern großzügig. Als einer der wenigen Autoren in Bayern kam er in den Genuss des Bayerischen Ehrensolds in Höhe von monatlich 440 DM – eine freiwillige Leistung des Freistaates Bayern – sowie vom Bundespräsidialamt laufende Zuwendungen aus den Mitteln der Deutschen Künstlerhilfe von 9.000 DM im Jahr, ab 1989.

---

70 Max Streibl (1932–1998) war von 1988–1993 Bayerischer Ministerpräsident.

71 Heinz Piontek an Ilse und Werner Huth, 16. Juli 1992, PiontekA.

»Nun sitze ich wieder über meinem Manuskript ›Kampagne in Schlesien‹, Goethes Reise in den Osten vor genau 200 Jahren. Es ist meine erste größere historische Erzählung, ich habe tausend Notizen, und sogar ein Mode- und Kostümlexikon habe ich mir gekauft: was 1790 die Dame und der Herr trugen. Vor dem Schreiber liegt allerdings noch ein weiter Weg.«[72] Zum Ausgangspunkt für seinen Goethe-Roman wurde ein Bändchen aus der Ramschkiste eines Schwabingers Antiquariats, das ihm schon gleich nach dem Krieg in die Hände fiel.[73] Dem Buch beigelegt war eine Übersichtskarte, in der die Reiseroute Goethes genau eingezeichnet war. Demnach könnte der Dichterfürst auf der Rückreise Station in Heinz Pionteks Heimatstadt Kreuzburg gemacht haben. Dieser faszinierende Gedanke ließ Heinz Piontek nicht mehr los und er beschloss schon früh, dafür den Beweis anzutreten. Aber erst Jahrzehnte später nahm er sich dann des Lebensromans »Goethe unterwegs in Schlesien« an, der historisch biografische Elemente mit dichterischen in

72 Heinz Piontek an Ilse und Werner Huth, 20. Juni 1990, PiontekA.

73 Hoffmann, Adalbert: Goethe in Breslau und Oberschlesien und seine Werbung um Henriette v. Lüttwitz: Neue Beiträge zu Goethe‹s Lebensgeschichte, Leipzig, 1898, S. 64.

der Form einer Erzählung verbindet (den gewählten Titel »lieh« sich Heinz Piontek von E. Mörikes Novelle »Mozart auf der der Reise nach Prag«).

Im Sommer 1790 begleitet Goethe seinen Herzog Carl August auf eine Reise nach Schlesien. Anlass ist ein bevorstehender bewaffneter Konflikt zwischen Preußen und Österreich, zu dem es aber nicht kommt. Der Roman behandelt im Wesentlichen diese Kernpunkte: Goethes Spuren in Schlesien – Die Anfänge der Industrialisierung in Oberschlesien – Historische Landeskunde. Im Reisebericht ist auch eingearbeitet die Begegnung mit der 21-jährigen Henriette von Lüttwitz in Breslau, die Goethe so tief beeindruckte, dass er um Henriettes Hand anhält.

»Goethes Bewerbung um seine Tochter, meint der Vater [Hans Wolf Freiherr von Lüttwitz], werde von seiner Gemahlin und ihm wohlwollend aufgenommen. Aber dieses Anhalten um eine Hand komme doch sehr plötzlich. Es zeuge nicht von reiflichen Überlegungen, könne auch gar nicht davon zeugen, denn Goethe kenne Henriette nicht mehr als zehn Tage [...]. Kurzum, sobald die Sache entschieden sei, werde man Herrn von Goethe zunächst einen schriftlichen Bescheid zukommen lassen.«[74] Nach Tagen des Wartens lehnte der Vater, Freiherr von Lüttwitz, den Antrag als nicht standesgemäß ab.

---

74 Piontek, Heinz: Goethe unterwegs in Schlesien. Fast ein Roman, 3. Aufl., Würzburg, 2000, S. 103–104.

Mit diesem Roman hat Heinz Piontek, ohne auf seine Gesundheit Rücksicht zu nehmen, im Hinblick auf sein literarisches Nachleben alles auf eine Karte gesetzt. Er sah in diesem Buch die »allerletzte Chance, noch einmal wie früher – in der Hauptsache vor 1968 – von der Literaturkritik unserer größten Tages- und Wochenzeitungen, unserer Literatur- und Kulturzeitschriften [...] in einem angemessenen Ton rezensiert, interpretiert zu werden.«[75] Obwohl es etwa 50 Besprechungen gab, blieb aber das Buch in den tonangebenden Medien und bei der deutschen Germanistik unter der Wahrnehmungsschwelle. Besonders verbittert war Heinz Piontek, weil er das Interesse der Goetheforscher- und Kenner nicht gewinnen konnte, obwohl er ein vergessenes Goethe-Gedicht »Auf dem Wege nach Krakau« explizit ins Gedächtnis rief.[76]

Was den Aufenthalt Goethes in Kreuzburg betrifft, so liegt die Vermutung nahe, dass Goethe dort auf seiner Rückreise übernachtet hat, nach den historischen Fakten bleibt es aber eine Spekulation.

---

75 Heinz Piontek an Heinz Friedrich (Präsident der BAdSK 1983–1995), 30. Oktober u. 28. November 1994, BAdSK-Archiv.

76 Piontek (wie Anm. 74), S. 279, 339, s. a. dem Buch beigefügter Quellenhinweis S. 10–15.

Piontek als Übersetzer

Auch in seinen späten Lebensjahren nahm die schriftstellerische Produktion nicht ab. Heinz Piontek schrieb weiterhin Prosa und Verse, wobei seine letzten, in ihrer Bedeutung immer noch nicht genug gewürdigten Gedichte sich unter anderem mit astronomischen Fragen und Forschern wie Newton und Hawkins beschäftigten. Welt und Wissenschaft werden poetisiert.[77] Bereits im Jahr 1960 hatte Heinz Piontek Gedichte des englischen Romantikers John Keats ins Deutsche übertragen, die in der renommierten Insel-Bücherei (Nr. 716) erschienen (es folgten sechs weitere überarbeitete Ausgaben). Seine Bewunderung galt schon lange auch dem polnisch-britischen Schriftsteller Joseph Conrad (1857–1924) und vor allem dessen Roman »Die Schattenlinie«. Er handelt von einem jungen Kapitän, der das Kommando über einen Hochseesegler übernimmt und eine krisenhafte Situation meistern muss, die Durchquerung einer Zone langanhaltender Windstille. Obwohl seit 1926 mehrere deutsche Übersetzungen von »The Shadow-Line« vorlagen, wünschte sich Heinz Piontek bereits Anfang der

77 Piontek, Heinz, Neue Umlaufbahn. Gedichte, Würzburg, 1998.

Fünfzigerjahre, das Buch neu zu übertragen. Im Brief an Hans-Joachim Simm begründete er seine Ambition:[78]

»Ich war damals etwa so alt wie der junge Kapitän und Ich-Erzähler der ›Schattenlinie‹. Sicher spielte das mit, dass ich von diesem Roman hingerissen war – denn immer noch liest man die Bücher am liebsten, deren Helden und Antihelden mit dem Leser etwa gleichen Alters sind, denn dann tauchen für die Leser meist die Probleme und Rätsel auf, die Komplikationen und Erfahrungen und die ähnlichen Weisen zu denken – alles ihm frisch vertraut. […]

Sobald ich mir den Roman [später] einmal hervorholte, um seine einstige Intensität und Leidenschaft, die zarte Erotik für ein Schiff, das schnittig und ein Segler war, diese nüchterne, bitterklare, auch ironische oder sarkastische Prosa nachzulesen, nachzuprüfen. Stets war ich bezaubert. Allerdings, die deutsche Übersetzung gefiel mir immer weniger. Ja, von Anfang an fand ich sie nicht hinreichend. […] Und so schwor ich mir […]: Sobald du Zeit findest, musst du die ›Schattenlinie‹ neu übersetzen! Und als ich siebzig war und war gebrechlich, sagte ich mir: Jetzt schaffst du es höchstens noch, wenn du wirklich alles stehen und liegen lässt, und wenn die Zusammenfassung aller deiner Kräfte und deiner Begeisterung ausreicht! Die Langatmigkeit des Alters!«

---

78 Heinz Piontek an Hans-Joachim Simm, Lektorat Insel Verlag Frankfurt a. M., 30. Oktober 1998, Deutsche Literaturarchiv Marbach.

Die Arbeit wurde jedoch erst 1993 aufgenommen und 1999 abgeschlossen und nahm für Heinz Piontek wegen der langen, an den Nerven zerrenden Produktionsgeschichte einen gewichtigen Stellenwert ein. Es war sein letztes Editionsprojekt und erschien in der Reihe »Das schöne Insel-Taschenbuch.«[79] Der Kreis seines Wirkens schloss sich damit: Denn kehrt man zum Anfang seines Schaffens zurück, so kommt die erste Publikation »Die Furt« (1952) in der Buchgestaltung seinem Schlusswerk ziemlich ähnlich.

---

79 Conrad, Joseph: Schattenlinie, aus dem Englischen von Heinz Piontek, Frankfurt a. M./Leipzig 1999.

Doppelbegabung

Nachdem Heinz Piontek seine Arbeit als Schriftsteller beendete, sind Zeichnungen und Aquarelle ein erheblicher Teil seiner späteren Lebenswelt geworden, wobei seine Leidenschaft für das Malen sich bei ihm schon als Jugendlicher bemerkbar gemacht hat. Es war ein wichtiger Aspekt in seiner Künstlerexistenz.

Die Bilder weisen thematisch-motivische Bezüge zu Landschaften, Vergangenen Zeiten sowie Schlesien auf, eine Heimatverbundenheit im besten Sinne. Auch malerisch inspirierte die Stadt München Heinz Piontek und so sind die prägenden Eindrücke dann später in Gemälden eingegangen: *Das Prinz Carl Palais München, 1998; Hochsommerhimmel, Am Horizont München Nord, 1999; Im Englischen Garten (Liebespaar), 1999.* Seine bildnerische Produktion wurde erstmals der breiten Öffentlichkeit im Haus des Deutschen Ostens München zugänglich gemacht.[80]

80 Piontek, Heinz, Texte und Bilder, Katalog zur Ausstellung vom 22. November bis 20. Dezember 2001, Hg. Udo W. Acker, München 2001, S. 71.

Abb.: Im Englischen Garten, Aquarell, 1999
(28 x 28,5cm), signiert.

An den Schriftsteller Heinz Piontek muss heute erkennbar erinnert werden, weil sein Name Jüngeren fast nichts mehr sagt und ältere Leser ihn anscheinend vergessen haben. Dabei ist das öffentliche Desinteresse an dem Autor durchaus unverdient und steht in keinem Verhältnis zur Bedeutung des Autors. So hat er tiefe Spuren in der deutschen Nachkriegsliteratur hinterlassen und sich schon früh auf dem Markt zu positionieren gewusst.

Heinz Piontek schaffte mit seinen Erzählungen schon mit 25 Jahren den Aufstieg in die Spitzenklasse der Feuilletons und wurde so als junger Autor beim literarisch interessierten Publikum schnell bekannt gemacht. Seine Beiträge verschafften ihm eine mediale Wahrnehmung, die seine Position im damaligen Literaturbetrieb beträchtlich beförderte.[81]

Seine ersten Gedichte wurden – ohne dass sich Heinz Piontek mühsam über die Blätter der Provinz emporarbeiten musste – von den großen Tageszeitungen und vor allem auch in dem seinerzeit literarisch exklusiven, in der europäischen Literaturszene viel beachteten

---

81 Wiedow, Hartwig: Unbekannte frühe Erzählungen Heinz Pionteks. Eine Publikation ist für die nächste Zeit vorgesehen.

MERKUR[82] gedruckt, veröffentlicht noch vor Erscheinen seines ersten Gedichtbandes *Die Furt.* Heinz Piontek wurde in den Fünfzigerjahren unbestrittener »Lieblingsautor« des MERKUR. Kein anderer der jungen Lyriker hat in diesen Jahren eine so hohe Anzahl und Frequenz von Beiträgen erreicht.[83] Die Veröffentlichung in dieser intellektuellen Zeitschrift kam einem Ritterschlag gleich und schuf ihm bereits in frühen Jahren einen herausragenden Platz unter den jungen Lyrikern.

Heinz Piontek hatte schon früh ein gutes Gespür für literarische Qualität entwickelt. Er war der erste deutsche Nachkriegsautor, der sich systematisch mit dem deutschen Schriftsteller Friedo Lampe (1899–1945) auseinandergesetzt und sein großes Prosa-Talent erkannt hat. Er verfasste bereits im Jahr 1950[84] das Funkmanuskript »Am Rande der Nacht« – Das Werk Friedo Lampes.« Von Heinz Piontek überarbeitet wurde es

---

82 Merkur. Deutsche Zeitschrift für europäisches Denken. Darin: *Bei Tagesanbruch, Fischerhütte, Das Fenster, Die Furt*, Jg. 5 (1951) Heft 6 (40) S. 563–565.

83 Klessinger, Hanna: Bekenntnis zur Lyrik. Hans Egon Holthusen, Karl Krolow, Heinz Piontek und die Literaturpolitik der Zeitschrift Merkur in den Jahren 1947 bis 1956, Göttingen 2011, S. 45,107.

84 »Mein fünf Jahre altes Funkmanuskript über Lampe habe ich nun doch noch überarbeitet. Hoffentlich behage es [Horst] Krüger.« (Abteilungsleiter beim SWF), Heinz Piontek an Gerhard Neumann, 9. Dezember 1955, PiontekA.

vom Südwestfunk in einer halbstündigen Sendung ausgestrahlt, in der Lampe im Originalton zu hören ist.[85] Eine bemerkenswerte zeithistorische Pionierleistung für den damals 25-jährigen freien Schriftsteller, die sich heute beim Wiederlesen überaus haltbar erweist. Das gilt auch für das Radio-Manuskript, mit dem Heinz Piontek erstmalig den schweizer-deutschen Lyriker Alexander Xaver Gwerder (1923–1952) umfänglich würdigte und dem der Literaturwissenschaftler Roger Perret anerkennend zustimmte, dass Pionteks Reflexionen über Gwerder immer noch gültig seien.[86]

Nun kommt es in der Literaturgeschichtsschreibung gelegentlich auch vor, dass sich Urteile und Kriterien hinsichtlich eines literarischen Werkes wandeln oder gar ins Gegenteil verkehren. So schmähte der Publizist Heinz Ludwig Arnold (1940–2011) den Büchner-Preis-Träger Heinz Piontek giftig und herablassend wegen dem fehlenden gesellschaftlich-politischen Engagement in seinen Werken.[87] Zwanzig Jahre später kam es dann zu einer erkennbaren Annäherung, denn H. L. Arnold

---

85 Südwestfunk Baden-Baden, Nachtstudio, 10. September 1956, Manuskript, S. 1–20, PiontekA.

86 Gwerder, Alexander, Xaver: Gesammelte Werke und Ausgewählte Briefe, Hg. Roger Perret, Band III, Zürich, 1998, S. 399. Der Beitrag wurde von Radio Bremen erstmals am 2. März 1953 gesendet. Manuskript S. 1–7, BSB.

87 Arnold, Heinz Ludwig: Nur Feigheit und Ignoranz. Die Nivellierung des Büchner-Preises, in: Nürnberger Nachrichten, Nr. 139, 24. Juni 1976, S. 18.

korrespondierte als Herausgeber der Anthologie »Die deutsche Literatur seit 1945« mit Heinz Piontek und schrieb wegen der Auswahl seiner Texte: »Viele der anderen Autoren, die ich vorstelle, haben nur einen einzigen Text im Band. Mit zwei Gedichten und einem Prosatext sind Sie vergleichsweise sehr opulent vertreten.«[88] Und wenig später ergänzte Heinz Ludwig Arnold brieflich: »Ich denke, ich habe mir sehr viel Mühe um Sie gemacht;«[89] vermutlich mehr als bei jedem anderen Autor.

---

88 Die deutsche Literatur seit 1945: Geteilte Himmel 1961-1966, Hg. Heinz Ludwig Arnold, München, 1997. Aufgenommen wurden: Erzählung: *Eine Hetäre auf dem Lande*, S. 181–190; Gedichte: *Deutschland, Um 1800*, S. 442, 447.

89 Heinz Ludwig Arnold an Heinz Piontek, 6. und 20. August 1996, PiontekA.

Gegenüber Korrespondenzpartnern klagte Heinz Piontek immer wieder über Erschöpfung, Müdigkeit und gesundheitliche Störungen. Der Kern der Erkrankung hatte mit seiner jahrzehntelangen literarischen Arbeit und Enttäuschungen zu tun, wegen unerfüllter Wünsche im Literaturbetrieb zu seinem Werk. Aber auch die im Alter zunehmende Sensitiviät und Empfindlichkeit sowie die Einnahme von Medikamenten taten ihr Übriges. Wirklich konnte ihm die Ärzteschaft von seiner Gemütserkrankung nicht befreien. Zum geregelten Tagesablauf gehörten lange seine Spaziergänge, die ihn beruhigten und inspirierten, die er jetzt aber stark reduzieren musste. So nahm die Begeisterung, schriftlich etwas festzuhalten, ab. »Ich habe nie eine Zeile – Lyrik oder Prosa – formuliert ohne innere Anteilnahme, die sich meist in Freude oder Befriedigung äußerte. Wörtlich genommen, ist mein Satz eine maßlose Übertreibung. Warum habe ich bei wesentlicheren Arbeiten ganz selten etwas auf Anhieb Hingesetztes stehengelassen? Ich fand es nicht gut und konnte mich also darüber nicht freuen. Genau genommen war es der Prozess des Schreibens, den ich liebte, der mich ein halbes Jahrhundert begeisterte. Die Freude daran hat beträchtlich nachgelassen.«[90]

---

90 Heinz Piontek an Gerhard Neumann, 12. Oktober 1999, PiontekA.

Heinz Piontek stürzte in seiner Wohnung und kam mit schweren Kopfverletzungen im Juni 2003 in das Klinikum München-Bogenhausen. Hier lag er zeitweise im Koma. Es folgte dann im Oktober die Einweisung in das Pflegeheim Ruhstorf an der Rott und wenig später in das Krankenhaus Rotthalmünster, etwa 150 Kilometer von dem Ort entfernt, wo er zum ersten Mal bayerischen Boden betrat. Hier starb Heinz Piontek am 26. Oktober 2003 und wurde auf dem Friedhof von Feldmoching begraben. Die Todesanzeige ziert der dritte Vers des Gedichts »Oktober« mit seiner Thematik von Abschied und Todesnähe:[91]

---

91 Piontek, Heinz: Oktober, in: Helldunkel, Freiburg i. B. 1987, S. 10.

Oktober

Oktober du, Stille wird hörbar,
wenn weißer Nebel fällt;
der Geist, wie leicht doch zerstörbar,
an Bild um Bild sich hält:

Jede Färbung erfasst er,
was reif hier steht und stumm,
nichts aus der Jahreszeit hasst er,
geht auch bei Gräbern um.

Neu ist mir Sinken und Ruhen,
so hab ichs nie gespürt.
Gehe mit raschelnden Schuhen
wie einer, den man führt.

Nichts muss mehr überlegt sein.
Ein Blau so kühl und stet.
Die goldne Spreu wird der Weg sein:
Fortgehn, kein Winken. Valet.

Zeitungen würdigten mit Nachrufen Heinz Piontek als einen Schriftsteller, der zu den wichtigsten Literaten der Nachkriegszeit gehört. Ein Klassiker der Gegenwart. Er lebte kohärent im Schreiben und Denken, eine Einheit von Leben und Werk. Peter Härtling (1933–2017) erinnerte in einer sehr persönlich gehaltenen Wertschätzung an die gemeinsame Zeit beim Bechtle-Verlag in Esslingen: ›Die Furt‹ hieß Heinz Pionteks erster Gedichtband, ein in graue Pappe gebundenes Bändchen von 55 Seiten. Ich musste die Verse und Strophen nicht lernen, ich dachte sie mit, atmete sie ein ... mein lyrischer Wegweiser.«[92]

Es lohnt sich, das Andenken an Heinz Piontek in der Stadt München im Gedächtnis der dankbaren Überlebenden wachzuhalten, weil seine Person und Zeitzeugnisse eng mit der Stadt verbunden sind. Der Verfasser steht daher mit der Kulturverwaltung München im Kontakt wegen der Einrichtung eines Ehrengrabes und Straßenbenennung nach dem Schriftsteller im Jubiläumsjahr. Eine solche Ehre seitens der Stadt hat Heinz Piontek verdient.

Zu danken gilt Hartwig Wiedow für Ratschläge und Ergänzungen und Frau Dr. Nino Nodia für die stets hilfsbereite Bereitstellung von Materialien aus dem Archiv der Bayerischen Staatsbibliothek München.

---

92 Härtling, Peter: Adieu, Piontek, in: Die ZEIT, Nr. 45, 30. Oktober 2003, S. 49.